Mina Kumari

Odisseia da IA: Navegar no futuro da inteligência

Mina Kumari

Odisseia da IA: Navegar no futuro da inteligência

ScienciaScripts

Imprint

Any brand names and product names mentioned in this book are subject to trademark, brand or patent protection and are trademarks or registered trademarks of their respective holders. The use of brand names, product names, common names, trade names, product descriptions etc. even without a particular marking in this work is in no way to be construed to mean that such names may be regarded as unrestricted in respect of trademark and brand protection legislation and could thus be used by anyone.

Cover image: www.ingimage.com

This book is a translation from the original published under ISBN 978-620-7-80919-6.

Publisher:
Sciencia Scripts
is a trademark of
Dodo Books Indian Ocean Ltd. and OmniScriptum S.R.L publishing group

120 High Road, East Finchley, London, N2 9ED, United Kingdom
Str. Armeneasca 28/1, office 1, Chisinau MD-2012, Republic of Moldova, Europe
Printed at: see last page
ISBN: 978-620-8-13735-9

Odisseia da IA: Navegar pelo futuro da inteligência

Por

Dr. Mina Kumari

Universidade K.R. Mangalam, Sohna, Gurugram

Prefácio

Nesta era de avanços tecnológicos em rápida evolução, a inteligência artificial está na vanguarda da inovação e da perturbação. O seu impacto abrange todos os sectores, remodelando a forma como vivemos, trabalhamos e interagimos com o mundo que nos rodeia. Ao embarcarmos nesta odisseia da IA, torna-se imperativo explorar as suas potencialidades, desafios e implicações éticas. Este livro pretende servir de guia através das paisagens da inteligência artificial, oferecendo uma visão das suas trajectórias passadas, presentes e futuras.

Saudações calorosas,

Dr. Mina Kumari

Índice

Capítulo 1: Introdução à Inteligência Artificial

Definir a IA

A Inteligência Artificial (IA) é um ramo da ciência da computação dedicado à criação de sistemas e máquinas capazes de realizar tarefas que normalmente requerem a inteligência humana. Estas tarefas incluem o raciocínio, a aprendizagem, a resolução de problemas, a perceção, a compreensão da linguagem e a tomada de decisões. Os sistemas de IA são concebidos para imitar funções cognitivas que os humanos associam a outras mentes humanas, como a aprendizagem e a resolução de problemas.

Evolução histórica

O conceito de inteligência artificial remonta a tempos antigos, com mitos e lendas que descreviam máquinas semelhantes a seres humanos. No entanto, a era moderna da IA começou na década de 1950 com o trabalho pioneiro de investigadores como Alan Turing e John McCarthy. Turing propôs o famoso "Teste de Turing", um critério para determinar se uma máquina apresenta uma inteligência semelhante à humana. McCarthy cunhou o termo "inteligência artificial" e organizou a Conferência de Dartmouth em 1956, que é considerada o berço da IA enquanto área académica.

Principais marcos

1. **Os primeiros programas de IA**: Nas décadas de 1950 e 1960, os investigadores desenvolveram programas capazes de realizar tarefas como jogar xadrez e resolver problemas matemáticos.

2. **Sistemas especializados**: Nas décadas de 1970 e 1980, o foco passou a ser os sistemas especializados - programas de IA concebidos para imitar as capacidades de tomada de decisão de especialistas humanos em domínios específicos, como a medicina ou as finanças.

3. **Aprendizagem automática**: O final do século XX assistiu a um ressurgimento do interesse pela IA, impulsionado pelos avanços na aprendizagem automática. As técnicas de aprendizagem automática permitem que os sistemas melhorem o seu desempenho nas tarefas através da experiência, sem serem explicitamente programados.

4. **Aprendizagem profunda**: Na década de 2010, a aprendizagem profunda revolucionou a IA ao permitir que as máquinas aprendessem com grandes quantidades de dados. As redes neurais profundas, inspiradas na estrutura e função do cérebro humano, conseguiram avanços em áreas como o reconhecimento de imagem e de voz.

Desafios actuais e direcções futuras

Embora a IA tenha registado progressos significativos, continuam a existir desafios. Estes incluem preocupações éticas em torno da utilização da IA, como a parcialidade dos algoritmos, questões de privacidade e o potencial impacto no emprego e na sociedade. Olhando para o futuro, a IA é promissora em áreas como os cuidados de saúde, os transportes e a sustentabilidade ambiental. À medida que a IA continua a evoluir, compreender as suas capacidades e limitações será crucial para aproveitar o seu potencial em benefício da humanidade.

Evolução histórica

A história da inteligência artificial estende-se por milénios, com raízes no fascínio da humanidade pela criação de seres e máquinas inteligentes. Embora a IA moderna tenha surgido no século XX, os seus fundamentos conceptuais remontam a tempos antigos.

Raízes antigas

- **Mitologia e autómatos**: Mitos e histórias antigas de várias culturas, como a mitologia grega e as lendas chinesas, apresentam contos de seres artificiais dotados de qualidades semelhantes às humanas. Estas histórias reflectem os primeiros desejos humanos de criar seres que pudessem imitar ou ultrapassar a inteligência humana.

Evolução dos primeiros tempos modernos

- **Fundamentos matemáticos**: As bases da IA começaram no século XVII com desenvolvimentos na matemática e na filosofia. Pensadores como René Descartes exploraram a natureza da mente e do corpo, lançando ideias fundamentais para a compreensão da inteligência e da consciência.

- **Revolução Industrial**: Os séculos XVIII e XIX assistiram ao aparecimento de dispositivos mecânicos e autómatos, como o pato mecânico de Jacques de Vaucanson e o Motor Analítico de Charles Babbage. Estas invenções demonstraram as primeiras tentativas de mecanizar tarefas que exigiam competências semelhantes às humanas.

Surgimento da IA moderna

- **Década de 1950 - Nascimento da IA**: O termo "inteligência artificial" foi cunhado na década de 1950 por John McCarthy, que organizou a Conferência de Dartmouth em 1956. Esta conferência reuniu investigadores para explorar as possibilidades de criar máquinas que pudessem simular a inteligência humana.

- **Os primeiros programas de IA**: Nas décadas de 1950 e 1960, foram feitos progressos significativos no desenvolvimento dos primeiros programas de IA. Exemplos incluem o programa de jogo de damas de Arthur Samuel e o Logic Theorist desenvolvido por Allen Newell e Herbert A. Simon, que podia provar teoremas matemáticos.

- **IA simbólica**: Durante as décadas de 1960 e 1970, a investigação em IA centrou-se em sistemas simbólicos ou baseados em regras. Os sistemas periciais, que utilizavam técnicas de representação de conhecimentos e de raciocínio, surgiram como uma abordagem dominante. Esta era assistiu ao desenvolvimento de sistemas como o MYCIN para diagnóstico médico e o DENDRAL para análise química.

inverno e ressurgimento da IA

- **Década de 1980 - inverno da IA**: Na década de 1980, a IA enfrentou um período de redução do financiamento e de ceticismo devido ao excesso de promessas e à falta de cumprimento das expectativas. Este período, conhecido como o "inverno da IA", registou uma diminuição do interesse e do financiamento da investigação em IA.

- **Ascensão da aprendizagem automática**: O final do século XX assistiu a um ressurgimento do interesse pela IA, impulsionado pelos avanços na aprendizagem automática. Técnicas como as redes neuronais e os métodos estatísticos permitiram aos sistemas aprender com os dados e melhorar o desempenho em tarefas sem programação explícita.

IA contemporânea

- **Revolução da aprendizagem profunda**: Na década de 2010, a aprendizagem profunda, um subcampo da aprendizagem automática inspirado na estrutura e função do cérebro humano, revolucionou a IA. As redes neurais profundas alcançaram avanços em áreas como visão computacional, processamento de linguagem natural e reconhecimento de fala.

- **Tendências actuais**: Atualmente, a IA está integrada em vários aspectos da vida quotidiana e da indústria, desde veículos autónomos e assistentes virtuais a medicina personalizada e previsões financeiras. A investigação em curso centra-se na melhoria das capacidades da IA, na resolução de problemas éticos e na garantia de uma implementação responsável.

Conclusão

A evolução histórica da inteligência artificial reflecte a procura persistente da humanidade para compreender e reproduzir a inteligência. Dos mitos antigos às descobertas tecnológicas modernas, a IA evoluiu de conceitos especulativos para aplicações práticas que têm um impacto profundo na sociedade. Compreender esta evolução permite compreender os desafios, as oportunidades e as considerações éticas que moldam o futuro da IA.

Principais marcos

A inteligência artificial evoluiu através de vários marcos importantes que assinalam avanços significativos neste domínio, desde os conceitos teóricos às aplicações práticas. Estes marcos destacam momentos cruciais no desenvolvimento e adoção de tecnologias de IA.

1. **Conceitos iniciais de IA (anos 1940-1950)**

   - **Contribuição de Alan Turing (1936-1950)**: O trabalho seminal de Alan Turing lançou os conceitos fundamentais da IA. O seu artigo de 1936 introduziu o conceito de uma máquina universal capaz de efetuar qualquer cálculo que possa ser descrito por um algoritmo. As ideias de Turing influenciaram o desenvolvimento dos primeiros computadores e prepararam o terreno para a reflexão sobre a inteligência das máquinas.

   - **O Teste de Turing (1950)**: Alan Turing propôs o Teste de Turing no seu artigo de 1950 "Computing Machinery and Intelligence". O teste avalia a capacidade de uma máquina apresentar um comportamento inteligente indistinguível do de um ser humano. Embora a aprovação no Teste de Turing continue a ser uma referência para a IA, também deu origem a debates sobre o que constitui a verdadeira inteligência.

2. **Conferência de Dartmouth (1956)**

   - **Nascimento da Inteligência Artificial**: Organizada por John McCarthy, Marvin Minsky, Nathaniel Rochester e Claude Shannon, a Conferência de Dartmouth em 1956 é considerada o local de nascimento da inteligência artificial como disciplina académica. Os participantes exploraram a possibilidade de criar máquinas capazes de simular a inteligência humana, marcando o início formal da investigação em IA.

3. **Primeiros programas de IA (década de 1950-1960)**

   - **Logic Theorist (1956)**: Desenvolvido por Allen Newell e Herbert A. Simon, o Logic Theorist foi um dos primeiros programas de IA. Conseguia provar teoremas matemáticos manipulando símbolos de acordo com regras lógicas, demonstrando as primeiras capacidades de raciocínio automático.

   - **General Problem Solver (GPS) (1957)**: Também desenvolvido por Newell e Simon, o GPS era um programa de resolução de problemas mais generalizado, capaz de resolver uma vasta gama de problemas expressos em forma simbólica. Demonstrou a versatilidade e o potencial dos sistemas de IA para lidar com tarefas complexas.

4. **Sistemas Periciais (década de 1970-1980)**

   - **MYCIN (1976)**: Desenvolvido por Edward Shortliffe, o MYCIN foi um dos primeiros sistemas especializados concebidos para o diagnóstico de doenças infecciosas. Utilizava uma abordagem baseada em regras para imitar os processos de decisão de peritos humanos em diagnóstico médico, demonstrando as aplicações práticas da IA em domínios especializados.

   - **DENDRAL (1965-1980)**: Desenvolvido por Edward Feigenbaum e Joshua

Lederberg, o DENDRAL era um sistema especializado em química molecular. Podia interpretar dados de espetrometria de massa para identificar compostos químicos, ilustrando o potencial da IA na investigação científica e na análise de dados.

5. Ressurgimento da aprendizagem automática (década de 1980-1990)

- **Algoritmo de retropropagação (1986)**: O desenvolvimento do algoritmo de retropropagação por Geoffrey Hinton, David Rumelhart e Ronald Williams revolucionou o treinamento de redes neurais. Permitiu que os modelos de aprendizagem profunda aprendessem com os dados através de ajustes iterativos dos pesos nas redes neurais, lançando as bases para as modernas técnicas de aprendizagem profunda.

- **Aprendizagem por reforço (1989)**: Investigadores como Andrew Barto, Richard Sutton e outros fizeram avanços significativos na aprendizagem por reforço, um ramo da aprendizagem automática centrado na aprendizagem de comportamentos óptimos através da interação com um ambiente. Esta abordagem tem sido fundamental para o desenvolvimento de sistemas autónomos e para a IA de jogos.

6. Revolução da aprendizagem profunda (década de 2010 até à atualidade)

- **ImageNet e Redes Neuronais Convolucionais (CNNs)**: O Desafio de Reconhecimento Visual em Grande Escala ImageNet em 2012 demonstrou a eficácia das redes neurais convolucionais (CNNs) em tarefas de classificação de imagens. Modelos como o AlexNet, desenvolvido por Alex Krizhevsky, Ilya Sutskever e Geoffrey Hinton, alcançaram melhorias significativas na precisão, desencadeando a revolução da aprendizagem profunda na visão computacional.

- **Avanços no processamento da linguagem natural**: Nos últimos anos, os avanços no processamento de linguagem natural (PNL) foram impulsionados por modelos como o BERT (Bidirectional Encoder Representations from Transformers) da Google e a série GPT (Generative Pre-trained Transformer) da OpenAI. Estes modelos alcançaram um desempenho de ponta em tarefas como a tradução de línguas, a geração de texto e a análise de sentimentos, dando passos significativos no sentido da compreensão da linguagem a nível humano.

Conclusão

Estes marcos importantes na história da inteligência artificial destacam a progressão dos fundamentos teóricos para as aplicações práticas, transformando a IA numa tecnologia transformadora em vários domínios. Compreender estes marcos fornece informações sobre a evolução das capacidades da IA, desde os primeiros sistemas baseados em regras até aos modelos avançados de aprendizagem profunda, e prepara o terreno para explorar os desafios actuais e as direcções futuras da IA.

Capítulo 2: O panorama atual

Aplicações da IA em vários sectores

A Inteligência Artificial (IA) está presente em praticamente todos os sectores da sociedade moderna, revolucionando as indústrias, os serviços e a vida quotidiana. A sua capacidade de analisar grandes quantidades de dados, aprender com padrões e tomar decisões com o mínimo de intervenção humana conduziu a aplicações transformadoras em diversos domínios.

1. Cuidados de saúde

- **Imagiologia médica**: Os sistemas alimentados por IA podem analisar imagens médicas, como radiografias, tomografias computorizadas e ressonâncias magnéticas, para ajudar os radiologistas a detetar anomalias e a diagnosticar doenças de forma mais precisa e eficiente.

- **Descoberta de medicamentos**: Os algoritmos de IA são utilizados para prever a eficácia e os efeitos secundários de potenciais compostos de medicamentos, acelerando o processo de descoberta de medicamentos e reduzindo os custos.

- **Medicina personalizada**: A IA analisa os dados dos pacientes para adaptar os planos de tratamento com base em perfis genéticos individuais, historial médico e factores de estilo de vida, melhorando os resultados dos pacientes e minimizando os efeitos adversos.

2. Finanças

- **Negociação algorítmica**: Os algoritmos de IA analisam os dados do mercado e executam transacções a alta velocidade, tirando partido da aprendizagem automática para identificar padrões e otimizar estratégias de investimento.

- **Deteção de fraudes**: Os bancos e as instituições financeiras utilizam a IA para detetar transacções fraudulentas, analisando padrões de comportamento e dados de transacções em tempo real, aumentando a segurança e reduzindo as perdas financeiras.

- **Serviço ao cliente**: Os chatbots e os assistentes virtuais alimentados por IA fornecem apoio personalizado ao cliente, tratam de questões de rotina e ajudam no planeamento financeiro.

3. Transporte

- **Veículos autónomos**: A IA permite que os carros autónomos percebam o seu ambiente, tomem decisões em tempo real e naveguem em segurança sem intervenção humana. Empresas como a Tesla, a Waymo e a Uber são pioneiras em tecnologias de veículos autónomos.

- **Gestão do tráfego**: Os algoritmos de IA optimizam o fluxo de tráfego, prevêem padrões de congestionamento e coordenam sinais para reduzir os tempos de viagem e melhorar a mobilidade urbana.

4. Educação

- **Aprendizagem adaptativa**: As plataformas educativas alimentadas por IA adaptam-se aos estilos e ritmos de aprendizagem dos alunos, fornecendo tutoria e feedback personalizados para melhorar os resultados da aprendizagem.

- **Tradução de línguas**: A IA permite a tradução de línguas em tempo real, quebrando barreiras de comunicação e facilitando a colaboração global na educação e na investigação.

5. Retalho e comércio eletrónico

- **Sistemas de recomendação**: Os algoritmos de IA analisam as preferências e os comportamentos dos clientes para fornecer recomendações personalizadas de produtos, aumentando a satisfação do cliente e as vendas.

- **Gestão de inventário**: A IA optimiza os níveis de inventário através da previsão de padrões de procura, reduzindo as rupturas de stock e minimizando os custos de inventário em excesso.

6. Fabrico

- **Manutenção Preditiva**: A IA monitoriza os dados de desempenho do equipamento para prever as necessidades de manutenção e evitar períodos de inatividade não planeados, optimizando a eficiência da produção.

- **Controlo de qualidade**: Os sistemas alimentados por IA inspeccionam os produtos para detetar defeitos e desvios das normas de qualidade, garantindo a consistência e a fiabilidade dos processos de fabrico.

7. Entretenimento e Media

- **Recomendação de conteúdos**: As plataformas de streaming utilizam a IA para recomendar filmes, programas e música com base nas preferências dos utilizadores e nos seus hábitos de visualização, aumentando a participação dos utilizadores.

- **Criação de conteúdos**: Os conteúdos gerados pela IA, como artigos noticiosos e obras de arte, complementam a criatividade humana, oferecendo novas formas de entretenimento e produção de media.

A adoção generalizada da IA em vários sectores ilustra o seu impacto transformador nas indústrias e na sociedade como um todo. Desde melhorar os resultados dos cuidados de saúde e revolucionar as finanças até permitir o transporte autónomo e a aprendizagem personalizada, a IA continua a impulsionar a inovação, a eficiência e novas oportunidades de crescimento económico. No entanto, a par dos seus benefícios, a implementação da IA levanta considerações éticas relativamente à privacidade, preconceitos e deslocação de postos de trabalho, sublinhando a importância do desenvolvimento e regulamentação responsáveis da IA na definição da sua trajetória futura.

Principais intervenientes no desenvolvimento da IA

O desenvolvimento da Inteligência Artificial (IA) é impulsionado por um conjunto diversificado de organizações, desde gigantes da tecnologia a empresas em fase de arranque e instituições de investigação. Estes intervenientes contribuem para o avanço das tecnologias de IA, moldando as normas da indústria e impulsionando a inovação em vários domínios.

1. Gigantes da tecnologia

- **Google (Alphabet Inc.):** A Google é líder na investigação e aplicação de IA, conhecida pelos seus avanços no processamento de linguagem natural (PNL) com projectos como o Google Assistant e modelos de linguagem como o BERT e o GPT. Também é líder em aplicações baseadas em IA, como a Pesquisa Google, o Google Maps e a tecnologia de condução autónoma através da sua subsidiária Waymo.

- **Amazon:** A Amazon utiliza amplamente a IA na sua plataforma de comércio eletrónico para recomendações personalizadas, otimização logística e gestão de armazéns. A Amazon Web Services (AWS) oferece serviços de IA como o Amazon SageMaker para desenvolvimento e implementação de modelos de aprendizagem automática.

- **Microsoft:** As iniciativas de IA da Microsoft incluem o Azure AI, que fornece serviços e ferramentas de IA baseados na nuvem, e produtos alimentados por IA, como a Cortana e os Serviços Cognitivos da Microsoft. Também investe na investigação de IA através de iniciativas como a Microsoft Research.

- **Apple:** A Apple integra a IA nos seus produtos, incluindo o Siri para reconhecimento de voz e capacidades de assistente inteligente. A sua ênfase no desenvolvimento de IA consciente da privacidade distingue a sua abordagem no panorama competitivo.

- **Facebook (Meta Platforms Inc.):** O Facebook utiliza a IA para moderação de conteúdos, reconhecimento facial e publicidade personalizada nas suas plataformas de redes sociais. Também investe em investigação de IA através da sua divisão de Investigação de IA (FAIR).

2. Instituições de investigação e universidades

- OpenAI: A OpenAI é conhecida por desenvolver modelos avançados de IA, como a série GPT (Generative Pre-trained Transformer) e por promover o desenvolvimento seguro e ético da IA.

- **DeepMind (Alphabet Inc.)**: A DeepMind centra-se na investigação em IA e nas suas aplicações, nomeadamente nos cuidados de saúde, jogos e robótica. É conhecida pelas suas realizações no desenvolvimento do AlphaGo e do AlphaZero para jogar jogos complexos como o Go e o xadrez.

- **Laboratório de IA do MIT**: O Laboratório de IA do Instituto de Tecnologia de Massachusetts (MIT) é conhecido pelas suas contribuições para a investigação em IA, incluindo avanços na robótica, visão por computador e processamento de linguagem natural.

3. Startups e centros de inovação

- **Tesla**: A Tesla é pioneira na condução autónoma com o seu sistema Tesla Autopilot, que utiliza a IA e a aprendizagem automática para melhorar a segurança e o desempenho do veículo.

- **NVIDIA**: A NVIDIA é especializada em tecnologia GPU que acelera a IA e os cálculos de aprendizagem automática. As suas GPUs são amplamente utilizadas no treino de modelos de aprendizagem profunda e em aplicações orientadas para a IA em todos os sectores.

- **Startups de IA**: Numerosas startups estão a impulsionar a inovação em IA em sectores como os cuidados de saúde (por exemplo, Babylon Health), fintech (por exemplo, Ant Financial) e cibersegurança (por exemplo, Darktrace), concentrando-se em aplicações especializadas de IA e tecnologias disruptivas.

4. Organizações e consórcios internacionais

- **União Europeia**: A UE investe na investigação e desenvolvimento da IA através de iniciativas como a Aliança Europeia de IA e de programas de financiamento destinados a promover a inovação da IA, assegurando simultaneamente orientações éticas e quadros regulamentares.

- **China**: O governo chinês apoia o desenvolvimento da IA através de estratégias nacionais como o "Plano de Desenvolvimento da Inteligência Artificial da Próxima Geração" e de investimentos em startups de IA e instituições de investigação.

O panorama do desenvolvimento da IA é caracterizado por um ecossistema diversificado de intervenientes importantes, que vão desde gigantes da tecnologia e instituições de investigação a startups e organizações internacionais. Estas entidades impulsionam a inovação, estabelecem normas industriais e moldam o futuro das tecnologias de IA em todos os sectores. A colaboração entre estes actores, juntamente com considerações éticas e quadros regulamentares, será crucial para aproveitar o potencial da IA para benefício social, ao mesmo tempo que se abordam os desafios e riscos associados à sua implantação.

Considerações éticas e sociais

À medida que a inteligência artificial (IA) continua a proliferar em vários sectores da sociedade, traz consigo profundas implicações éticas e sociais que exigem uma análise cuidadosa e uma gestão proactiva. Estas considerações abrangem questões de justiça, responsabilidade, transparência, privacidade, preconceitos, emprego e impactos sociais mais alargados.

1. Equidade e preconceito

- **Preconceito algorítmico**: os sistemas de IA treinados em conjuntos de dados tendenciosos podem perpetuar e até amplificar os preconceitos sociais existentes, levando a resultados discriminatórios em áreas como contratação, aprovação de empréstimos e justiça criminal. A abordagem do viés requer conjuntos de dados diversos e representativos, bem como algoritmos robustos que atenuem os vieses.

- **Equidade na tomada de decisões**: Garantir a equidade no processo de tomada de decisões da IA implica conceber algoritmos que tratem os indivíduos de forma equitativa em função da sua diversidade demográfica e socioeconómica.

2. Responsabilidade e transparência

- **Responsabilidade algorítmica**: A determinação da responsabilidade pelas decisões e acções da IA é complexa, sobretudo nos sistemas autónomos. O estabelecimento de quadros claros de responsabilização é crucial para garantir que os criadores de IA, os utilizadores e as partes interessadas possam ser responsabilizados pelos resultados dos sistemas de IA.

- **Transparência**: Os sistemas de IA devem ser concebidos para serem transparentes, fornecendo informações sobre a forma como as decisões são tomadas e permitindo o escrutínio por parte dos reguladores, das partes interessadas e do público. A transparência promove a confiança e ajuda a mitigar as preocupações com a opacidade e o potencial uso indevido das tecnologias de IA.

3. Privacidade e segurança

- **Privacidade dos dados**: Os sistemas de IA dependem frequentemente de grandes quantidades de dados pessoais. A proteção da privacidade envolve a implementação de medidas robustas de proteção de dados, a obtenção de consentimento informado e a adesão a regulamentos de privacidade para evitar o acesso não autorizado e a utilização indevida de informações sensíveis.

- **Cibersegurança**: À medida que as tecnologias de IA se tornam mais integradas em infra-estruturas e serviços críticos, é essencial garantir a resiliência da cibersegurança para proteger contra ataques maliciosos e acesso não autorizado que possam explorar vulnerabilidades nos sistemas de IA.

4. Emprego e impacto socioeconómico

- **Impacto no emprego**: A automatização da IA tem o potencial de perturbar os mercados de trabalho, deslocando empregos que envolvem tarefas repetitivas e criando novas oportunidades em domínios relacionados com a IA. Para fazer face ao impacto socioeconómico, são necessárias estratégias para melhorar as competências dos trabalhadores, promover a aprendizagem ao longo da vida e garantir um crescimento económico inclusivo.

- **Desigualdade de rendimentos**: A adoção da IA pode agravar a desigualdade de rendimentos se os benefícios forem distribuídos de forma desigual pela sociedade. As políticas que promovem o acesso equitativo às tecnologias de IA e garantem uma distribuição justa dos ganhos económicos são essenciais para atenuar as disparidades.

5. Conceção e desenvolvimento éticos da IA

- **Quadros éticos**: O desenvolvimento de sistemas de IA orientados por princípios éticos é crucial para alinhar os avanços tecnológicos com os valores e normas da sociedade. Os quadros éticos abordam questões como a autonomia, a beneficência, a não-maleficência e a justiça na conceção, implementação e utilização da IA.

- **IA centrada no ser humano**: Dar prioridade ao bem-estar e à dignidade do ser humano no desenvolvimento da IA implica incorporar as perspectivas dos utilizadores, considerar as implicações éticas desde o início e promover uma colaboração entre o ser humano e a IA que melhore e não diminua as capacidades humanas.

6. Desafios regulamentares e de governação

- **Quadros regulamentares**: Os decisores políticos enfrentam desafios na adaptação dos regulamentos existentes para governar as tecnologias de IA em rápida evolução. O desenvolvimento de quadros regulamentares abrangentes e adaptáveis requer a colaboração entre governos, partes interessadas da indústria, universidades e sociedade civil para garantir uma implantação responsável da IA, promovendo simultaneamente a inovação.

- **Cooperação internacional**: A governação da IA exige cooperação internacional para harmonizar normas, enfrentar desafios globais e promover normas éticas que defendam os direitos humanos e os valores sociais além-fronteiras.

As considerações éticas e sociais são essenciais para navegar nas complexidades éticas e nos impactos sociais das tecnologias de IA. Ao abordar estas considerações de forma proactiva, as partes interessadas podem fomentar a confiança, promover a implantação responsável da IA e aproveitar o potencial transformador da IA em benefício dos indivíduos, das comunidades e da sociedade como um todo.

Capítulo 3: Tecnologias de IA

Aprendizagem automática e aprendizagem profunda

As tecnologias de Inteligência Artificial (IA), em particular a Aprendizagem Automática (ML) e a Aprendizagem Profunda (DL), revolucionaram as capacidades dos sistemas de IA, permitindo-lhes aprender com os dados, reconhecer padrões e tomar decisões com uma precisão e autonomia crescentes. Compreender estas tecnologias é essencial para compreender o estado atual e o potencial futuro das aplicações de IA.

1. **Aprendizagem automática (ML)**

   - **Definição e princípios**: A aprendizagem automática é um subconjunto da IA que permite aos sistemas aprender e melhorar com a experiência sem serem explicitamente programados. Centra-se no desenvolvimento de algoritmos que podem aprender automaticamente padrões e fazer previsões ou tomar decisões com base em dados.

   - **Tipos de aprendizagem automática**:

      o **Aprendizagem supervisionada**: Envolve a formação de modelos em dados rotulados para efetuar previsões ou classificações. Os exemplos incluem a classificação de imagens, a deteção de spam e o diagnóstico médico.

      o **Aprendizagem não supervisionada**: Envolve a formação de modelos em dados não rotulados para descobrir padrões ou estruturas nos dados. Os exemplos incluem o agrupamento de documentos semelhantes ou a segmentação de clientes.

      o **Aprendizagem por reforço**: Envolve a formação de agentes para tomarem decisões sequenciais, interagindo com um ambiente e recebendo recompensas ou penalizações com base nas suas acções. As aplicações incluem a IA de jogos e a robótica.

   - **Aplicações**: O ML é aplicado em vários domínios, incluindo:

      o **Cuidados de saúde**: Diagnóstico, medicina personalizada, descoberta de medicamentos.

      o **Finanças**: Avaliação dos riscos, deteção de fraudes, negociação algorítmica.

      o **Marketing**: Segmentação de clientes, sistemas de recomendação.

      o **Processamento de linguagem natural (PNL)**: Tradução de línguas, análise de sentimentos, chatbots.

2. **Aprendizagem profunda (DL)**

   - **Definição e arquitetura**: A aprendizagem profunda é um subconjunto do ML que utiliza redes neurais com muitas camadas (redes neurais profundas) para aprender com grandes quantidades de dados. Os modelos de DL são capazes de aprender automaticamente representações hierárquicas de dados, permitindo-lhes capturar padrões e relações complexos.

- **Redes neurais**: Os modelos DL são construídos utilizando redes neuronais artificiais inspiradas na estrutura e função do cérebro humano. São constituídos por camadas interligadas de nós (neurónios) que processam e transformam dados através de ligações ponderadas.

- **Tipos de modelos de aprendizagem profunda**:

  o **Redes Neuronais Convolucionais (CNNs)**: Utilizadas principalmente para tarefas de processamento de imagem e vídeo, como a deteção de objectos, a classificação de imagens e o reconhecimento facial.

  o **Redes Neuronais Recorrentes (RNNs)** : Concebidas para dados sequenciais e tarefas como o processamento de linguagem natural, o reconhecimento de voz e a previsão de séries temporais.

  o **Modelos de transformação**: Introduzidos para lidar com dados sequenciais com paralelização, usados extensivamente em tarefas de NLP como tradução de linguagem e geração de texto.

- **Aplicações**: A DL transformou numerosos domínios, incluindo:

  o **Visão por computador**: Deteção de objectos, segmentação de imagens, análise de imagens médicas.

  o **Processamento de linguagem natural**: Tradução de línguas, análise de sentimentos, resumo de textos.

  o **Reconhecimento de voz**: Assistentes de voz, aplicações de voz para texto.

3. Avanços e desafios

- **Avanços**: A DL alcançou avanços notáveis em termos de precisão e desempenho em todas as tarefas de IA, impulsionados pelo aumento da capacidade computacional, pela disponibilidade de grandes volumes de dados e por melhorias algorítmicas.

- **Desafios**: Os desafios incluem:

  o **Qualidade e quantidade dos dados**: Os modelos DL requerem grandes quantidades de dados de alta qualidade para treino, que podem nem sempre estar disponíveis ou ser representativos.

- o **Interpretabilidade**: Os modelos de DL são frequentemente considerados caixas negras, o que dificulta a interpretação da forma como as decisões são tomadas, o que suscita preocupações em termos de transparência e responsabilidade.

- o **Recursos computacionais**: O treino de redes neuronais profundas requer recursos computacionais significativos (GPUs, TPUs), o que limita a acessibilidade para organizações ou investigadores mais pequenos.

A Aprendizagem Automática e a Aprendizagem Profunda são tecnologias de IA fundamentais que sustentam a atual onda de avanços da IA. A sua capacidade de aprender com os dados, extrair conhecimentos significativos e realizar tarefas complexas de forma autónoma impulsionou as aplicações de IA em todos os sectores. Compreender estas tecnologias e as suas implicações é crucial para aproveitar o seu potencial e, ao mesmo tempo, enfrentar os desafios relacionados com a ética, o preconceito e o impacto social.

Processamento de linguagem natural (PNL)

O processamento de linguagem natural (PNL) é um ramo da inteligência artificial (IA) que se centra em permitir que os computadores compreendam, interpretem e gerem linguagem humana de uma forma que seja significativa e útil. A PNL tem crescido rapidamente nos últimos anos, impulsionada pelos avanços na aprendizagem automática, na aprendizagem profunda e nos modelos linguísticos de grande escala.

1. **Fundamentos da PNL**

- **Compreensão da linguagem**: Os algoritmos de PNL têm como objetivo compreender o significado e o contexto da linguagem humana, incluindo a semântica (significado), a sintaxe (gramática) e a pragmática (significado contextual).

- **Tarefas-chave em PNL**:

  - o **Classificação de texto**: Categorização de texto em classes ou categorias predefinidas, como a deteção de spam, análise de sentimentos e categorização de tópicos.

  - o **Reconhecimento de entidades nomeadas (NER)**: Identificar e classificar entidades nomeadas (por exemplo, nomes de pessoas, organizações, localizações) num texto.

  - o **Geração de linguagem**: Criação de texto coerente e contextualmente relevante, como respostas de chatbot, tradução de idiomas e resumo de textos.

- o **Reconhecimento e síntese da fala**: Conversão de linguagem falada em texto (reconhecimento de voz) e geração de saída falada a partir de texto (síntese de voz).

2. Aprendizagem automática e aprendizagem profunda em PNL

- **Métodos tradicionais de PLN**: Historicamente, as abordagens baseadas em regras e os modelos estatísticos eram utilizados para tarefas como a marcação de parte do discurso e a análise sintáctica. Estes métodos foram largamente suplantados por técnicas de aprendizagem automática e de aprendizagem profunda.

- **Aprendizagem automática em PNL**: A aprendizagem supervisionada, a aprendizagem não supervisionada e a aprendizagem por reforço são aplicadas a tarefas como a análise de sentimentos, a tradução automática e os sistemas de resposta a perguntas.

- **Modelos de aprendizagem profunda**: A aprendizagem profunda revolucionou a PNL com modelos como:

  - o **Redes Neuronais Recorrentes (RNNs)**: Eficazes para o processamento sequencial de dados, utilizadas em tarefas como a modelação de linguagem e a tradução automática.

  - o **Redes Neuronais Convolucionais (CNN)** : Aplicadas a tarefas como a classificação de textos e a análise de sentimentos, são particularmente eficazes para captar dependências locais em dados de texto.

  - o **Modelos de transformadores**: Introduziu uma mudança de paradigma com mecanismos de atenção, utilizados em modelos de última geração como o BERT (Bidirectional Encoder Representations from Transformers) e o GPT (Generative Pre-trained Transformer) para tarefas como a compreensão e geração de linguagem.

3. Aplicações da PNL

- **Recuperação de informação**: Os motores de pesquisa utilizam a PNL para compreender as consultas dos utilizadores e recuperar informações relevantes da Web.

- **Apoio ao cliente e chatbots**: A PNL potencia os assistentes virtuais e os chatbots que interagem com os utilizadores em linguagem natural, prestando apoio ao cliente, agendando compromissos e respondendo a questões.

- **Análise de sentimentos**: Análise de opiniões, sentimentos e emoções expressos em texto, utilizados na monitorização de redes sociais, estudos de mercado e análise de feedback de clientes.

- **Tradução de línguas**: A PNL facilita a tradução automática de línguas entre diferentes línguas, permitindo a comunicação intercultural e operações comerciais globais.

- **PNL médica**: análise de registos de saúde electrónicos, literatura médica e notas clínicas para apoiar o diagnóstico, a recomendação de tratamento e a investigação médica.

4. Desafios da PNL

- **Ambiguidade e contexto**: A linguagem humana é inerentemente ambígua e dependente do contexto, o que coloca desafios aos sistemas de PNL para interpretarem com exatidão o significado e a intenção.

- **Qualidade e enviesamento dos dados**: Os modelos de PNL requerem conjuntos de dados grandes e diversificados para a formação, que podem conter enviesamentos que afectam o desempenho e a equidade do modelo em aplicações como a NER e a análise de sentimentos.

- **Multilinguismo**: O tratamento de múltiplas línguas e dialectos exige sistemas de PNL robustos, capazes de compreensão e tradução multilingues.

- **Considerações éticas**: As questões de privacidade, consentimento e utilização responsável das tecnologias de PNL são críticas, especialmente em aplicações que envolvem dados sensíveis (por exemplo, cuidados de saúde, documentos jurídicos).

O Processamento de Linguagem Natural é um domínio dinâmico na intersecção da linguística, da informática e da inteligência artificial, que permite às máquinas interagir com a linguagem humana e compreendê-la. Os avanços na aprendizagem automática e na aprendizagem profunda levaram o PNL a novos patamares, potenciando aplicações em todos os sectores e melhorando a interação homem-computador. Para explorar todo o potencial da PNL e, ao mesmo tempo, garantir uma utilização responsável e equitativa na sociedade, é essencial enfrentar os desafios da qualidade dos dados, dos preconceitos e das considerações éticas.

Visão computacional

A visão computacional é um domínio da inteligência artificial (IA) que permite às máquinas interpretar e compreender o mundo visual através de imagens digitais, vídeos e outros dados visuais. Abrange uma série de tarefas, desde o reconhecimento de imagens à análise de vídeos, permitindo aplicações que imitam a perceção visual humana.

1. Fundamentos da visão computacional

- **Processamento de imagens**: Os algoritmos de Visão por Computador processam imagens digitais para extrair informações significativas, tais como arestas, formas, texturas e cores. Isto envolve técnicas como a filtragem de imagens, a segmentação e a extração de caraterísticas.

- **Reconhecimento e deteção de objectos**: os sistemas de visão por computador identificam e classificam objectos em imagens ou vídeos, distinguindo entre diferentes classes (por exemplo, humanos, automóveis, animais) e localizando as suas posições.

- **Análise de movimento**: Analisar alterações temporais em dados visuais para seguir o movimento de objectos, detetar anomalias e compreender cenas dinâmicas em vídeos.

2. Aprendizagem automática e aprendizagem profunda na visão computacional

- **Métodos tradicionais**: Historicamente, a visão por computador baseava-se em caraterísticas artesanais e modelos estatísticos para tarefas como a deteção de bordos e a segmentação de imagens.

- **Aprendizagem automática**: As técnicas de aprendizagem supervisionada e não supervisionada são aplicadas a tarefas como o reconhecimento de objectos, em que os modelos aprendem a partir de conjuntos de dados rotulados a classificar objectos em imagens.

- **Modelos de aprendizagem profunda**: A aprendizagem profunda revolucionou a Visão Computacional com modelos como:

  - **Redes Neuronais Convolucionais (CNNs)**: As CNNs são particularmente eficazes para tarefas como a classificação de imagens, a deteção de objectos e a segmentação semântica, devido à sua capacidade de aprender automaticamente representações hierárquicas de dados visuais.

  - **Redes Neuronais Recorrentes (RNNs)**: Utilizadas para análise de vídeo e tarefas de previsão de sequências em Visão por Computador, capturando dependências temporais e dinâmicas em dados de vídeo.

  - **Redes Adversariais Generativas (GANs)**: As GANs são utilizadas em tarefas como a geração e o melhoramento de imagens, criando imagens sintéticas realistas com base em padrões aprendidos.

3. Aplicações da visão computacional

- **Veículos autónomos**: A visão computacional permite que os veículos percebam o seu ambiente, detectem obstáculos, reconheçam sinais de trânsito e naveguem em segurança sem intervenção humana.

- **Vigilância e segurança**: Os sistemas de videovigilância utilizam a Visão por Computador para monitorização em tempo real, reconhecimento de actividades e deteção de anomalias em espaços públicos e infra-estruturas críticas.

- **Imagiologia médica**: A visão computacional ajuda no diagnóstico médico, analisando imagens médicas (por exemplo, raios X, ressonâncias magnéticas) para detetar anomalias, tumores e outras condições médicas.

- **Realidade Aumentada (AR) e Realidade Virtual (VR)**: As aplicações de RA e RV utilizam a visão computacional para sobrepor informações digitais ou objectos virtuais ao mundo físico, melhorando as experiências do utilizador em jogos, educação e formação.

- **Retalho e fabrico**: A Visão por Computador é utilizada para inspeção de qualidade, reconhecimento de produtos, gestão de inventário e otimização logística em ambientes de retalho e fabrico.

4. Desafios da visão computacional

- **Variabilidade nos dados visuais**: As imagens e os vídeos podem variar significativamente em termos de condições de iluminação, pontos de vista, oclusões e fundos, o que desafia os sistemas de Visão por Computador a generalizar em diversos ambientes.

- **Anotação e rotulagem de dados**: O treino de modelos exactos requer conjuntos de dados rotulados em grande escala, cuja anotação manual pode ser dispendiosa e demorada, especialmente no caso de tarefas de granularidade fina.

- **Interpretabilidade e confiança**: Os modelos de aprendizagem profunda na visão computacional são frequentemente considerados caixas negras, o que dificulta a interpretação da forma como as decisões são tomadas e afecta a confiança e a aceitação do utilizador.

- **Considerações éticas**: As questões de privacidade, a parcialidade dos dados e dos algoritmos e a utilização responsável de tecnologias de vigilância suscitam preocupações éticas na aplicação da Visão por Computador.

A visão computacional continua a fazer avançar as capacidades da IA, permitindo que as máquinas interpretem e interajam com a informação visual, espelhando a perceção visual humana em várias aplicações. Tirando partido da aprendizagem automática e de técnicas de aprendizagem profunda, a visão computacional tem dado passos significativos em sistemas autónomos, diagnósticos de cuidados de saúde, realidade aumentada e muito mais. A resolução dos desafios relacionados com a variabilidade dos dados, a interpretabilidade dos modelos e as considerações éticas é crucial para concretizar todo o potencial da visão computacional, assegurando simultaneamente uma implantação responsável e benéfica na sociedade.

Robótica e sistemas autónomos

A robótica e os sistemas autónomos (RAS) combinam a inteligência artificial (IA), a aprendizagem automática e os princípios de engenharia para conceber, construir e utilizar máquinas inteligentes capazes de realizar tarefas de forma autónoma em vários ambientes. Os RAS abrangem um vasto espetro de tecnologias e aplicações, desde robôs industriais a veículos autónomos e robôs humanóides.

1. Fundamentos de Robótica e Sistemas Autónomos

- **Definição e componentes**: A robótica envolve a conceção, construção e operação de robôs, que são dispositivos mecânicos programados para executar tarefas de forma autónoma ou semi-autónoma. Os sistemas autónomos referem-se a máquinas ou veículos capazes de funcionar com uma intervenção humana mínima ou nula.

- **Deteção e perceção**: As RAS dependem de sensores (por exemplo, câmaras, LIDAR, radar) para perceber e compreender o seu ambiente, permitindo tarefas como a deteção, localização e mapeamento de objectos (SLAM - Simultaneous Localization and Mapping).

- **Tomada de decisões**: Os sistemas autónomos integram algoritmos de IA, como a aprendizagem automática e o planeamento, para tomar decisões com base em dados sensoriais e objectivos predefinidos. Isto inclui o planeamento de percursos, a navegação e a prevenção de obstáculos.

2. Aplicações da robótica e dos sistemas autónomos

- **Automação industrial**: A robótica desempenha um papel crucial no fabrico e em ambientes industriais para tarefas como a montagem, a soldadura, a embalagem e o controlo de qualidade. Os robôs autónomos melhoram a eficiência, a precisão e a segurança nas linhas de produção.

- **Veículos autónomos**: A robótica é fundamental no desenvolvimento de carros autónomos, drones e veículos aéreos não tripulados (UAVs). Estes veículos utilizam a perceção e a tomada de decisões com base em IA para navegar nas estradas, no espaço aéreo e noutros ambientes complexos de forma segura e eficiente.

- **Robótica nos cuidados de saúde**: Os robôs ajudam na cirurgia (por exemplo, sistemas cirúrgicos robóticos como o Da Vinci Surgical System), na reabilitação, nos cuidados a idosos e na administração de medicamentos, melhorando a precisão e os resultados para os doentes.

- **Robótica agrícola**: Os sistemas autónomos são utilizados na agricultura de precisão para tarefas como a plantação, irrigação e monitorização de culturas, optimizando os rendimentos e a utilização de recursos.

- **Exploração espacial**: A robótica e os sistemas autónomos são utilizados em missões espaciais para tarefas como a exploração planetária, a manutenção de satélites e a investigação extraterrestre.

3. Aprendizagem automática e IA na robótica

- **Aprendizagem e adaptação**: A robótica integra algoritmos de aprendizagem automática para melhorar o desempenho através da experiência e da aprendizagem baseada em dados. A aprendizagem por reforço é particularmente relevante para ensinar os robôs a aprender com a interação com o seu ambiente.

- **Perceção e controlo**: As técnicas de IA melhoram as capacidades dos robôs em tarefas de perceção (p. ex., reconhecimento de objectos, compreensão de cenas) e de controlo (p. ex., agarrar, manipular), permitindo sistemas autónomos mais robustos e versáteis.

- **Sistemas Multi-Agentes**: A coordenação e a colaboração entre múltiplos agentes autónomos (robôs) são facilitadas por algoritmos de IA, permitindo tarefas como a robótica de enxame para a tomada de decisões colectivas e a exploração distribuída.

4. Desafios da Robótica e dos Sistemas Autónomos

- **Segurança e fiabilidade**: Garantir a segurança dos sistemas autónomos, especialmente em ambientes dinâmicos e imprevisíveis, continua a ser um desafio crítico. A robustez e a fiabilidade na tomada de decisões e na execução são essenciais.

- **Considerações éticas e jurídicas**: Os sistemas autónomos levantam dilemas éticos no que diz respeito à responsabilização, à responsabilidade e à implantação ética de tecnologias alimentadas por IA, particularmente em sectores como os cuidados de saúde e a defesa.

- **Interação Homem-Robot**: A conceção de interfaces intuitivas e de protocolos de comunicação para uma colaboração e interação eficazes entre humanos e robôs é crucial para melhorar a aceitação e a usabilidade por parte dos utilizadores.

- **Adaptabilidade e escalabilidade**: Os sistemas autónomos devem adaptar-se a condições e ambientes variáveis, mantendo o desempenho e a eficiência. A escalabilidade na implementação em diferentes aplicações e indústrias é também um desafio.

A robótica e os sistemas autónomos representam uma convergência de disciplinas de IA, aprendizagem automática e engenharia para criar máquinas inteligentes capazes de funcionar de forma autónoma em diversas aplicações. Da automação industrial e veículos autónomos aos cuidados de saúde e exploração espacial, as tecnologias RAS continuam a avançar, impulsionadas por inovações em algoritmos de IA, tecnologia de sensores e engenharia robótica. A resolução dos desafios em matéria de segurança, ética e adaptabilidade é essencial para concretizar todo o potencial das RAS, assegurando simultaneamente uma integração responsável e benéfica na sociedade.

Capítulo 4: Desafios e controvérsias

Deslocação de empregos e mudanças na força de trabalho

A integração da inteligência artificial (IA) e das tecnologias de automatização em vários sectores da economia suscita preocupações quanto à potencial deslocação de postos de trabalho e a alterações significativas no panorama da força de trabalho. Compreender estes desafios é crucial para abordar os impactos socioeconómicos e preparar o futuro do trabalho num mundo impulsionado pela IA.

1. Impacto da IA e da automatização no emprego

- **Automatização de tarefas de rotina**: A IA e as tecnologias de automatização são capazes de realizar tarefas repetitivas e previsíveis, anteriormente executadas por humanos em sectores como a indústria transformadora, a logística e o serviço de apoio ao cliente.

- **Deslocação do emprego**: A automatização dos postos de trabalho pode levar à deslocação, em que as tarefas executadas por humanos são cada vez mais assumidas por máquinas, reduzindo potencialmente a procura de certos tipos de trabalho.

- **Mudança nas funções de trabalho**: Embora alguns empregos possam ser eliminados, outros podem sofrer transformações, exigindo novas aptidões e competências para trabalhar com sistemas de IA ou gerir processos automatizados.

2. Sectores vulneráveis à deslocação

- **Fabrico**: Os trabalhos de linha de montagem que envolvem tarefas repetitivas como a soldadura, a montagem e o controlo de qualidade são cada vez mais automatizados, levando a uma menor procura de trabalho manual.

- **Transportes**: Os veículos autónomos e os drones têm o potencial de perturbar os empregos no sector dos transportes e da logística, afectando funções como motoristas de camiões, pessoal de entregas e trabalhadores de armazéns.

- **Serviço ao cliente**: Os chatbots e os assistentes virtuais alimentados por IA estão cada vez mais a tratar das questões e do apoio ao cliente, afectando as funções tradicionais dos call centers e das operações de serviço ao cliente.

3. Mudanças na força de trabalho e défice de competências

- **Procura de novas competências**: A integração da IA cria uma procura de competências em programação de IA, aprendizagem automática, análise de dados e engenharia robótica. Os programas de atualização e requalificação são essenciais para preparar os trabalhadores para as funções emergentes.

- **Criatividade e competências centradas no ser humano**: Os empregos que requerem criatividade, inteligência emocional, resolução de problemas e competências interpessoais são menos susceptíveis à automatização, o que realça a importância das funções centradas no ser humano.

- **Disparidades no acesso à formação**: As disparidades no acesso a programas de educação e formação podem aumentar o défice de competências, exacerbando as desigualdades nas oportunidades de emprego e nos resultados económicos.

4. Impactos socioeconómicos

- **Desigualdade de rendimentos**: A deslocação de postos de trabalho e as alterações na dinâmica da mão de obra podem exacerbar a desigualdade de rendimentos se os benefícios dos ganhos de produtividade decorrentes da IA forem distribuídos de forma desigual pela sociedade.

- **Polarização do emprego**: O mercado de trabalho pode registar uma polarização de empregos, com um crescimento de empregos altamente qualificados e com salários elevados e de empregos pouco qualificados e com salários baixos, enquanto os empregos de nível médio susceptíveis de serem automatizados diminuem.

- **Adaptação do mercado de trabalho**: Os governos, as empresas e as instituições de ensino têm de colaborar em políticas e iniciativas que apoiem a adaptação da força de trabalho, promovam a criação de emprego em sectores emergentes e atenuem os impactos negativos da deslocação de postos de trabalho.

5. Considerações éticas e políticas

- **Práticas éticas de emprego**: Garantir o tratamento justo dos trabalhadores afectados pela automatização, incluindo oportunidades de reconversão, apoio transitório e considerações éticas na implantação da IA.

- **Quadros regulamentares**: Desenvolvimento de quadros regulamentares adaptáveis que abordem as transições do mercado de trabalho, protejam os direitos dos trabalhadores e promovam o crescimento económico inclusivo numa economia impulsionada pela IA.

A deslocação de empregos e as mudanças na força de trabalho resultantes das tecnologias de IA e automação apresentam desafios e oportunidades significativos para as sociedades em todo o mundo. Ao abordar de forma proactiva o desenvolvimento de competências, promover o crescimento inclusivo e fomentar a implantação ética da IA, as partes interessadas podem mitigar os impactos negativos e, ao mesmo tempo, aproveitar o potencial transformador da IA para criar uma força de trabalho futura mais resiliente e equitativa.

Preconceito e equidade na IA

À medida que os sistemas de inteligência artificial (IA) se vão integrando cada vez mais em vários aspectos da sociedade, as preocupações com a parcialidade e a equidade têm surgido como questões críticas. A resolução destes desafios é essencial para garantir que as tecnologias de IA promovem a equidade, a transparência e a fiabilidade em diversas populações.

1. Compreender o enviesamento na IA

- **Definição**: O preconceito na IA refere-se a desvios sistemáticos e injustos ou imprecisões nos processos de tomada de decisão, resultando em tratamento ou resultados desiguais para diferentes grupos ou indivíduos.

- **Fontes de preconceito**:

  - **Enviesamento dos dados**: os sistemas de IA treinados em conjuntos de dados enviesados podem perpetuar ou amplificar os enviesamentos sociais existentes, como os enviesamentos raciais, de género ou socioeconómicos presentes nos dados históricos.

  - **Enviesamento algorítmico**: Os enviesamentos podem também resultar da conceção e implementação de algoritmos, incluindo a seleção de caraterísticas, a arquitetura do modelo e os critérios de decisão.

  - **Preconceito na interação com o** utilizador: Os preconceitos podem ser introduzidos através das interações do utilizador com os sistemas de IA, como os ciclos de feedback que reforçam estereótipos ou preferências.

2. Tipos de preconceitos na IA

- **Preconceito implícito**: Preconceitos não intencionais incorporados nos sistemas de IA devido a normas sociais subjacentes, contextos culturais ou preconceitos históricos reflectidos nos dados de treino.

- **Enviesamento algorítmico**: Enviesamentos sistemáticos introduzidos ou amplificados por algoritmos, que afectam decisões relacionadas com a contratação, concessão de empréstimos, aplicação da lei e outros domínios.

- **Viés de resultado**: Disparidades nos resultados que afectam desproporcionadamente determinados grupos, mesmo que o processo de tomada de decisão pareça justo à primeira vista.

3. Equidade na IA

- **Definições**: A equidade na IA implica garantir que os sistemas de IA tratam todos os indivíduos e grupos de forma justa e imparcial, independentemente das caraterísticas demográficas ou dos factores de base.

- **Tipos de equidade**:

  - **Equidade estatística**: Assegurar resultados equitativos entre grupos demográficos com base em medidas estatísticas (por exemplo, igualdade de oportunidades, paridade demográfica).

- o **Equidade individual**: Tratar de forma semelhante indivíduos ou casos semelhantes, independentemente da pertença a um grupo.

- o **Equidade algorítmica**: Conceber algoritmos e sistemas de IA para atenuar os preconceitos e promover processos de tomada de decisão equitativos.

4. Desafios na abordagem dos preconceitos e na promoção da equidade

- **Recolha e representação de dados**: A obtenção de conjuntos de dados diversificados e representativos é crucial para reduzir o enviesamento nos sistemas de IA e garantir que os modelos se generalizam bem em diferentes populações.

- **Conceção de algoritmos**: Desenvolvimento de algoritmos que sejam resistentes a enviesamentos e sensíveis a considerações de equidade sem comprometer o desempenho ou a eficiência.

- **Métricas de avaliação**: Definir e medir a justiça nos sistemas de IA exige o desenvolvimento de métricas e quadros de avaliação adequados que tenham em conta diversas normas sociais e considerações éticas.

- **Considerações éticas e jurídicas**: As diretrizes éticas e os quadros regulamentares desempenham um papel vital na promoção da equidade, da responsabilidade e da transparência no desenvolvimento e na implantação da IA.

5. Atenuar os preconceitos e promover a equidade

- **Equipas diversificadas e inclusivas**: A incorporação de perspectivas e conhecimentos diversos nas equipas de desenvolvimento de IA pode ajudar a identificar e atenuar preconceitos durante a conceção e implementação de algoritmos.

- **Ferramentas de deteção e atenuação de preconceitos**: Implementação de ferramentas e técnicas de deteção de preconceitos, avaliação da equidade e estratégias de atenuação ao longo do ciclo de vida da IA.

- **Educação e sensibilização**: Sensibilizar os programadores, as partes interessadas e os utilizadores finais para o preconceito na IA, a fim de promover uma implantação responsável da IA e práticas éticas.

- **Política e regulamentação**: Estabelecer quadros regulamentares e diretrizes que promovam a equidade, a transparência e a responsabilidade nas tecnologias de IA, garantindo o cumprimento de normas éticas e requisitos legais.

Abordar o preconceito e promover a justiça na IA é essencial para criar confiança, garantir o acesso equitativo às tecnologias orientadas para a IA e minimizar os danos sociais. Ao adotar práticas inclusivas, desenvolver estratégias robustas de mitigação e integrar considerações éticas no desenvolvimento e implementação da IA, as partes interessadas podem promover um ecossistema de IA mais equitativo e responsável que beneficie todos os indivíduos e comunidades.

Preocupações com a privacidade e a segurança

À medida que as tecnologias de inteligência artificial (IA) proliferam em vários sectores, as preocupações com a privacidade e a segurança tornaram-se cada vez mais proeminentes. A proteção dos dados pessoais, a garantia da transparência das práticas de tratamento de dados e a atenuação dos riscos de cibersegurança são essenciais para promover a confiança e a implantação responsável dos sistemas de IA.

1. **Preocupações com a privacidade na IA**

   - **Recolha e utilização de dados**: Os sistemas de IA dependem de grandes quantidades de dados para treinar modelos e fazer previsões. As preocupações com a privacidade surgem quando informações pessoais sensíveis (por exemplo, registos de saúde, dados financeiros) são recolhidas, armazenadas ou processadas sem consentimento explícito ou anonimização adequada.

   - **Violação e uso indevido de dados**: Medidas de segurança inadequadas podem levar a violações de dados, expondo os indivíduos a roubo de identidade, fraude e acesso não autorizado a informações pessoais armazenadas em sistemas de IA.

   - **Vigilância e controlo**: As tecnologias de vigilância baseadas na IA suscitam preocupações quanto à monitorização intrusiva, ao reconhecimento facial e à recolha de dados biométricos, colocando em risco os direitos à privacidade e as liberdades civis dos indivíduos.

2. **Riscos de segurança na IA**

   - **Vulnerabilidades nos sistemas de IA**: Os modelos e algoritmos de IA podem ser susceptíveis a ataques adversários, em que agentes maliciosos manipulam as entradas para enganar os sistemas de IA, levando a decisões incorrectas ou comprometendo a integridade do sistema.

   - **Ameaças à cibersegurança**: As próprias tecnologias de IA podem ser alvo de ciberataques, incluindo injeção de malware, ataques de negação de serviço (DoS) e exploração de vulnerabilidades em sistemas alimentados por IA.

   - **Utilização ética da IA**: Garantir que os sistemas de IA são utilizados de forma ética e responsável implica proteger a privacidade do utilizador, manter a integridade dos dados e salvaguardar contra potenciais utilizações indevidas ou consequências não intencionais.

3. Considerações regulamentares e éticas

- **Quadros regulamentares:** Os governos e os organismos reguladores estão a desenvolver políticas e regulamentos para abordar as preocupações com a privacidade e os riscos de cibersegurança associados às tecnologias de IA. Estes quadros visam estabelecer diretrizes para a proteção de dados, a gestão do consentimento e a implantação responsável da IA.

- **Diretrizes éticas:** As considerações éticas no desenvolvimento da IA incluem princípios de transparência, responsabilidade, justiça e respeito pela privacidade do utilizador. A adesão a diretrizes éticas ajuda a mitigar os riscos e a criar confiança entre os programadores de IA, as empresas e o público.

4. Atenuação dos riscos de privacidade e segurança

- **Privacidade desde a conceção:** Incorporar considerações de privacidade na conceção e desenvolvimento de sistemas de IA desde o início, incluindo minimização de dados, técnicas de anonimização e práticas seguras de tratamento de dados.

- **Encriptação e comunicação segura:** Implementar protocolos de encriptação fortes e canais de comunicação seguros para proteger a transmissão e o armazenamento de dados sensíveis nos sistemas de IA.

- **Consentimento e controlo do utilizador:** Fornecer aos utilizadores informações transparentes sobre as práticas de recolha de dados, obter o consentimento informado e permitir que os indivíduos controlem a utilização e as preferências dos seus dados pessoais.

- **Monitorização e conformidade contínuas:** Auditorias regulares, avaliações de risco e conformidade com os regulamentos de proteção de dados para garantir a adesão contínua às normas de privacidade e segurança ao longo do ciclo de vida da IA.

5. Sensibilização e educação do público

- **Aumentar a consciencialização:** Educar o público, as empresas e os decisores políticos sobre a importância da proteção da privacidade, da higiene da cibersegurança e da utilização responsável da IA para promover uma cultura de literacia digital e de tomada de decisões informadas.

- **Formação e desenvolvimento de competências:** Dotar os programadores de IA, os profissionais de cibersegurança e os peritos em privacidade de dados dos conhecimentos e competências necessários para implementar medidas eficazes de privacidade e segurança nas tecnologias de IA.

Abordar as preocupações com a privacidade e a segurança é fundamental para promover a confiança, a transparência e a implantação responsável de tecnologias de IA. Ao adotar práticas de preservação da privacidade, reforçar as medidas de cibersegurança e aderir a orientações éticas e quadros regulamentares, as partes interessadas podem mitigar os riscos, proteger os direitos individuais e aproveitar o potencial transformador da IA de uma forma segura e ética.

Regulamentação e governação da inteligência artificial

À medida que as tecnologias de inteligência artificial (IA) avançam e se integram cada vez mais em vários aspectos da sociedade, a necessidade de quadros regulamentares e de governação eficazes torna-se cada vez mais crítica. Estes quadros têm por objetivo garantir uma utilização ética, atenuar os riscos, proteger o interesse público e promover a inovação no desenvolvimento e na implantação da IA.

1. Importância da regulamentação e da governação

- **IA ética e responsável**: Os regulamentos desempenham um papel crucial na promoção do desenvolvimento ético e da implantação de tecnologias de IA, garantindo que os sistemas de IA são concebidos e utilizados de forma a respeitar os direitos humanos, a equidade, a transparência e a responsabilidade.

- **Mitigação de riscos**: Os quadros de governação ajudam a mitigar os riscos associados à IA, incluindo violações da privacidade, enviesamentos, ameaças à cibersegurança e consequências não intencionais que possam surgir das acções ou decisões dos sistemas de IA.

- **Promover a inovação**: Uma regulamentação equilibrada pode fomentar a inovação, fornecendo orientações claras, reduzindo a incerteza para as empresas e os criadores e promovendo o investimento na investigação e desenvolvimento da IA.

2. Principais componentes da regulamentação e da governação

- **Estruturas legais**: Estabelecer quadros legais e regulamentos que regem o desenvolvimento, a implantação e a utilização da IA, incluindo leis de proteção de dados, quadros de responsabilidade e normas de segurança e proteção da IA.

- **Diretrizes éticas**: Desenvolver diretrizes e princípios éticos para a IA, tais como os que se centram na equidade, transparência, responsabilidade, proteção da privacidade e conceção centrada no ser humano. Estas diretrizes ajudam a orientar os criadores e utilizadores de IA na tomada de decisões responsáveis.

- **Agências reguladoras**: Designar órgãos ou agências reguladoras responsáveis por supervisionar as tecnologias de IA, fazer cumprir os regulamentos e enfrentar os desafios emergentes e os dilemas éticos na implantação da IA.

3. Perspectivas e iniciativas globais

- **Colaboração internacional**: Promover a cooperação internacional e a colaboração na regulamentação e governação da IA para enfrentar os desafios globais, harmonizar as normas e partilhar as melhores práticas além-fronteiras.

- **Estratégias nacionais**: Desenvolver estratégias nacionais de IA que definam prioridades, investimentos e políticas para apoiar a inovação em IA, assegurando simultaneamente uma implantação responsável e a proteção dos interesses da sociedade.

- **Regulamentos específicos do sector**: Adaptar os regulamentos a sectores ou aplicações específicas da IA, como os cuidados de saúde, as finanças, os veículos autónomos e a segurança pública, para abordar riscos e considerações únicos.

4. Desafios e considerações

- **Complexidade e ritmo da inovação**: As tecnologias de IA evoluem rapidamente, colocando desafios aos quadros regulamentares para acompanharem os avanços tecnológicos, mantendo-se flexíveis e adaptáveis.

- **Implicações éticas e sociais**: Abordagem de dilemas éticos, impactos sociais e percepções públicas relacionadas com as tecnologias de IA, incluindo questões de deslocação de empregos, preconceitos, preocupações com a privacidade e responsabilidade algorítmica.

- **Conformidade e aplicação da regulamentação**: Assegurar a aplicação e o cumprimento efectivos dos regulamentos relativos à IA, incluindo o controlo do cumprimento, a realização de auditorias e a imposição de sanções em caso de incumprimento ou de práticas pouco éticas.

5. Direcções futuras

- **Regulamentação adaptável**: Desenvolver quadros regulamentares ágeis e adaptáveis que possam evoluir com os avanços tecnológicos e as aplicações emergentes de IA, incorporando o feedback das partes interessadas e a avaliação contínua dos riscos e benefícios.

- **Envolvimento do público e transparência**: Promover a transparência nos processos de desenvolvimento e governação da IA, envolver as partes interessadas (incluindo o público, o meio académico, a indústria e a sociedade civil) nos debates políticos e fomentar a confiança nas tecnologias de IA.

A regulamentação e a governação da inteligência artificial são essenciais para navegar nas implicações éticas, jurídicas e sociais das tecnologias de IA, promovendo simultaneamente a inovação e protegendo os interesses públicos. Ao desenvolver quadros regulamentares sólidos, promover diretrizes éticas e fomentar a colaboração internacional, as partes interessadas podem garantir que as tecnologias de IA contribuem para resultados sustentáveis e benéficos para a sociedade no seu conjunto.

Capítulo 5: O futuro da IA

Tendências e inovações emergentes

À medida que a inteligência artificial (IA) continua a evoluir, numerosas tendências e inovações emergentes estão a moldar a sua trajetória futura. Estes avanços abrangem vários domínios, desde os avanços tecnológicos aos impactos sociais, influenciando a forma como a IA será desenvolvida, implementada e integrada no nosso quotidiano.

1. Avanços tecnológicos

- **Robótica alimentada por IA**: Integração da IA com a robótica para criar sistemas robóticos mais autónomos e inteligentes, capazes de realizar tarefas complexas em sectores como a indústria transformadora, os cuidados de saúde e a exploração espacial.

- **IA de ponta**: Os avanços na computação de ponta e nos algoritmos de IA permitem capacidades de processamento e de tomada de decisões diretamente nos dispositivos (por exemplo, smartphones, dispositivos IoT), reduzindo a latência e melhorando a privacidade.

- **IA explicável (XAI)**: Desenvolvimento de modelos de IA que fornecem explicações transparentes para as suas decisões, reforçando a confiança, a compreensão e a responsabilidade nos sistemas de IA.

2. Aplicações na indústria e nos cuidados de saúde

- **IA nos cuidados de saúde**: Diagnósticos baseados em IA, medicina personalizada, descoberta de medicamentos e soluções de telemedicina para melhorar os resultados dos pacientes, otimizar a prestação de cuidados de saúde e reduzir os custos.

- **Veículos autónomos**: Desenvolvimento contínuo de automóveis autónomos, drones e veículos aéreos não tripulados (UAV) com capacidades melhoradas de perceção, tomada de decisões e navegação para um transporte mais seguro e mais eficiente.

- **Cidades inteligentes**: Tecnologias baseadas em IA para planeamento urbano, gestão de infra-estruturas, eficiência energética, segurança pública e serviços aos cidadãos para criar cidades sustentáveis e resilientes.

3. IA e aumento da capacidade humana

- **Inteligência aumentada**: Integração da IA para melhorar as capacidades humanas de tomada de decisões, criatividade e resolução de problemas em várias profissões e sectores.

- **Processamento de linguagem natural**: Avanços na compreensão e geração de linguagem semelhante à humana, permitindo assistentes virtuais mais sofisticados, tradução de línguas e geração de conteúdos.

- **IA das emoções**: Desenvolvimento de sistemas de IA capazes de reconhecer e responder às emoções humanas, melhorando a interação com o utilizador em aplicações que vão desde o serviço ao cliente até ao apoio à saúde mental.

4. Implicações éticas e sociais

- **IA ética**: Continuação da tónica no desenvolvimento de orientações, regulamentos e quadros éticos para abordar os preconceitos, as preocupações com a privacidade, a equidade, a transparência e a responsabilidade nas tecnologias de IA.

- **Mudanças na força de trabalho**: Mudanças previstas no mercado de trabalho devido à automação e à adoção da IA, necessitando de programas de requalificação e melhoria de competências para preparar os indivíduos para funções emergentes em indústrias orientadas para a IA.

- **Colaboração global**: Maior cooperação internacional em matéria de investigação, desenvolvimento de políticas e normas de IA para enfrentar os desafios globais e garantir o desenvolvimento e a implantação responsáveis da IA.

5. Desafios e considerações

- **Preconceitos e equidade**: Abordar os preconceitos nos algoritmos de IA e garantir a equidade nos processos de tomada de decisão para atenuar as desigualdades sociais e promover resultados equitativos.

- **Privacidade dos dados**: Reforçar as medidas de proteção de dados e os quadros regulamentares para salvaguardar as informações pessoais e atenuar os riscos associados às violações e à utilização indevida de dados impulsionados pela IA.

- **Cenário regulamentar**: Adaptar os quadros regulamentares para acompanhar os avanços tecnológicos, equilibrando a inovação com as salvaguardas sociais e assegurando o cumprimento das normas éticas.

O futuro da IA é promissor para avanços transformadores nas indústrias, nos cuidados de saúde e na vida quotidiana. Ao adotar as tendências emergentes, abordar as considerações éticas, promover a inovação e garantir uma implantação responsável, as partes interessadas podem aproveitar todo o potencial da IA para criar um futuro mais eficiente, inclusivo e sustentável.

IA nos cuidados de saúde

A inteligência artificial (IA) está a revolucionar os cuidados de saúde, melhorando a precisão do diagnóstico, as opções de tratamento personalizado e a eficiência operacional em todo o ecossistema de cuidados de saúde.

1. **Aplicações de diagnóstico e imagiologia**

   - **Imagiologia médica**: Os algoritmos alimentados por IA analisam imagens médicas (por exemplo, raios X, ressonâncias magnéticas, tomografias computorizadas) para ajudar os radiologistas a detetar anomalias, tumores e outras condições médicas com maior precisão e eficiência.

   - **Patologia e histopatologia**: A IA ajuda os patologistas a diagnosticar o cancro e outras doenças através da análise de amostras de tecidos e da identificação de anomalias microscópicas, melhorando a velocidade e a fiabilidade do diagnóstico.

   - **Diagnóstico médico**: Os algoritmos de IA interpretam os dados dos pacientes (por exemplo, resultados de laboratório, informações genéticas) para ajudar os médicos a diagnosticar doenças, prever resultados e recomendar planos de tratamento personalizados.

2. **Medicina e tratamento personalizados**

   - **Genómica e medicina de precisão**: A IA analisa os dados genéticos para identificar biomarcadores, prever riscos de doença e personalizar planos de tratamento adaptados aos perfis genéticos e ao historial médico de cada doente.

   - **Descoberta de medicamentos**: A IA acelera os processos de descoberta de medicamentos através da análise de vastos conjuntos de dados, da previsão de interações medicamentosas e da identificação de potenciais candidatos a medicamentos para doenças com mecanismos biológicos complexos.

   - **Assistentes virtuais de saúde**: Os assistentes virtuais alimentados por IA fornecem recomendações de saúde personalizadas, lembretes de medicação e monitorização remota das métricas de saúde do paciente, melhorando o envolvimento do paciente e a adesão aos planos de tratamento.

3. **Eficiência operacional e gestão dos cuidados de saúde**

   - **Administração de cuidados de saúde**: A IA optimiza as tarefas administrativas, como a marcação de consultas, a gestão de registos de saúde electrónicos (EHR) e a faturação, reduzindo os encargos administrativos e melhorando a eficiência do fluxo de trabalho.

   - **Análise preditiva**: A IA analisa os dados dos cuidados de saúde para prever os resultados dos doentes, antecipar as necessidades de recursos e otimizar as operações hospitalares, melhorando a qualidade dos cuidados aos doentes e o desempenho operacional.

IA na educação

A inteligência artificial está a transformar a educação, personalizando as experiências de aprendizagem, melhorando os resultados educativos e permitindo novas metodologias de ensino.

1. Aprendizagem personalizada

- **Plataformas de aprendizagem adaptativa**: As plataformas educativas alimentadas por IA adaptam o conteúdo e o ritmo da aprendizagem com base nos pontos fortes e fracos individuais dos alunos e nas suas preferências de aprendizagem, promovendo experiências de aprendizagem personalizadas.

- **Sistemas de tutoria inteligentes**: Os tutores de IA fornecem feedback em tempo real, avaliações adaptativas e percursos de aprendizagem personalizados para ajudar os alunos a dominar conceitos e melhorar o desempenho académico em disciplinas que vão desde a matemática às artes da linguagem.

2. Apoio aos professores e desenvolvimento profissional

- **Assistentes com tecnologia de IA**: A IA ajuda os educadores no planeamento das aulas, no desenvolvimento do currículo e na gestão da sala de aula, fornecendo recursos de instrução, assistência na classificação e informações sobre o progresso dos alunos e as tendências de aprendizagem.

- **Desenvolvimento profissional**: A IA analisa as práticas de ensino e os dados de desempenho dos alunos para oferecer oportunidades de desenvolvimento profissional personalizado aos educadores, melhorando a eficácia do ensino e as estratégias de instrução.

IA noutros sectores

A inteligência artificial estende o seu impacto para além dos cuidados de saúde e da educação em vários sectores, impulsionando a inovação, a eficiência e novas oportunidades de crescimento.

1. Finanças e Banca

- **Avaliação do risco**: A IA analisa dados financeiros para avaliar o risco de crédito, detetar transacções fraudulentas e otimizar estratégias de investimento, melhorando a precisão da tomada de decisões e a conformidade regulamentar.

- **Serviço ao cliente**: Os chatbots e assistentes virtuais com tecnologia de IA fornecem suporte personalizado ao cliente, processam consultas e resolvem problemas de forma eficiente, aumentando a satisfação do cliente e a eficiência operacional.

2. Transportes e logística

- **Veículos autónomos**: A IA permite a navegação autónoma, a deteção de obstáculos e a tomada de decisões em tempo real para carros autónomos, drones e robôs de entrega, transformando as operações de transporte e logística.

- **Gestão da cadeia de abastecimento**: A IA optimiza os processos da cadeia de fornecimento, prevendo a procura, minimizando os custos de inventário e melhorando a eficiência logística através de análises preditivas e sistemas inteligentes de gestão de inventário.

O impacto transformador da IA nos cuidados de saúde, na educação e em várias indústrias sublinha o seu potencial para revolucionar a forma como diagnosticamos doenças, educamos estudantes, gerimos empresas e melhoramos as experiências quotidianas. Ao tirar partido das tecnologias de IA de forma responsável, abordando considerações éticas e promovendo a colaboração entre sectores, as partes interessadas podem aproveitar todo o potencial da IA para criar um futuro mais eficiente, equitativo e inovador.

Colaboração Homem-IA

A integração da inteligência artificial (IA) nas capacidades humanas e nos processos de tomada de decisão representa uma mudança de paradigma na forma como as tarefas são executadas, os problemas são resolvidos e as inovações são realizadas em vários domínios.

1. Definição e importância

- **Definição**: A colaboração homem-IA refere-se à interação sinérgica entre humanos e sistemas de IA, em que ambas as entidades contribuem com forças complementares para atingir objectivos partilhados, resolver problemas complexos e aumentar a produtividade.

- **Importância**: A colaboração homem-IA melhora a tomada de decisões, a criatividade e a eficiência, tirando partido do poder computacional da IA, das capacidades de reconhecimento de padrões e da velocidade de processamento de dados, juntamente com a intuição humana, a especialização no domínio e o discernimento ético.

2. Aplicações e exemplos

- **Cuidados de saúde**: A IA ajuda os profissionais de saúde a diagnosticar doenças, a interpretar exames de imagiologia médica e a recomendar planos de tratamento, enquanto os médicos fornecem contexto, empatia e cuidados centrados no paciente.

- **Educação**: As plataformas de aprendizagem adaptativa baseadas em IA personalizam as experiências educativas, enquanto os educadores fornecem orientação, mentoria e apoio emocional para facilitar a aprendizagem e o crescimento dos alunos.

- **Negócios e finanças**: Os algoritmos de IA analisam os dados financeiros para informar as decisões de investimento, gerir os riscos e otimizar as operações comerciais, enquanto os analistas humanos fornecem informações estratégicas, interpretam tendências complexas e tomam decisões informadas.

3. Vantagens da colaboração homem-IA

- **Competências complementares**: A IA melhora as capacidades humanas ao automatizar tarefas de rotina, processar grandes conjuntos de dados e efetuar cálculos complexos, permitindo que os humanos se concentrem no pensamento estratégico, na criatividade e na resolução de problemas.

- **Tomada de decisões melhorada**: A IA aumenta os processos de tomada de decisões, fornecendo informações baseadas em dados, análises preditivas e simulações de cenários, permitindo decisões informadas que consideram factores quantitativos e qualitativos.

- **Produtividade e eficiência**: A colaboração entre humanos e IA simplifica os fluxos de trabalho, reduz os custos operacionais e acelera a inovação, automatizando tarefas repetitivas, optimizando a atribuição de recursos e facilitando a resolução mais rápida de problemas.

4. Desafios e considerações

- **Confiança e transparência**: Estabelecer a confiança nos sistemas de IA exige transparência na forma como as decisões são tomadas, garantindo a responsabilização pelos resultados e abordando as preocupações sobre preconceitos, privacidade e implicações éticas.

- **Questões éticas e legais**: A colaboração entre humanos e IA levanta dilemas éticos, como a responsabilidade por erros, preocupações com a privacidade e o impacto na dinâmica do emprego, exigindo diretrizes, regulamentos e quadros éticos claros.

- **Desenvolvimento e adaptação de competências**: Promover programas de educação e formação para dotar os indivíduos de literacia em IA, competências técnicas e consciência ética necessárias para uma colaboração eficaz com as tecnologias de IA em diversos domínios.

5. Direcções futuras

- **Inteligência aumentada**: Avançar para a inteligência aumentada, em que os sistemas de IA e os seres humanos trabalham em sinergia para atingir níveis mais elevados de desempenho, inovação e impacto social nos cuidados de saúde, na educação, nas empresas e não só.

- **Investigação e inovação**: Investigação e inovação contínuas em tecnologias de IA, centradas no reforço das capacidades de IA, na abordagem de considerações éticas e no desenvolvimento de soluções de IA centradas no ser humano que dão prioridade ao bem-estar dos utilizadores e aos benefícios para a sociedade.

A colaboração entre humanos e IA representa uma abordagem transformadora para tirar partido das tecnologias de IA para aumentar as capacidades humanas, resolver desafios complexos e impulsionar a inovação em vários sectores. Ao fomentar a confiança, promover práticas éticas e promover a colaboração interdisciplinar, as partes interessadas podem aproveitar todo o potencial da colaboração entre humanos e IA para criar um futuro mais inclusivo, eficiente e sustentável.

Previsões e especulações

À medida que a inteligência artificial (IA) continua a avançar a um ritmo acelerado, abundam numerosas previsões e especulações sobre a sua trajetória futura, os potenciais impactos na sociedade e as implicações transformadoras em vários domínios.

1. Avanços tecnológicos

- **Automatização com recurso à IA**: As previsões sugerem que a IA irá automatizar cada vez mais as tarefas de rotina em todos os sectores, conduzindo a ganhos de eficiência, poupanças de custos e mudanças na dinâmica da força de trabalho à medida que os empregos evoluem para se centrarem mais na criatividade, na resolução de problemas e em funções centradas no ser humano.

- **Avanços nos algoritmos de IA**: Especulações sobre os avanços nos algoritmos de IA, como a aprendizagem profunda, a aprendizagem por reforço e o processamento de linguagem natural, permitindo que os sistemas de IA atinjam um desempenho de nível humano em tarefas complexas que vão desde o diagnóstico médico à condução autónoma.

- **Computação quântica e IA**: Discussões especulativas sobre a intersecção entre a computação quântica e a IA, prevendo algoritmos de IA quântica que podem resolver problemas atualmente intratáveis com uma velocidade e eficiência sem precedentes, revolucionando domínios como a ciência dos materiais, a criptografia e a otimização.

2. IA nos cuidados de saúde e na medicina

- **Medicina personalizada**: As previsões apontam para a generalização da medicina personalizada impulsionada pela IA, com a IA a analisar dados genómicos, históricos médicos e métricas de saúde em tempo real para adaptar planos de tratamento e prever riscos de doença com elevada precisão.

- **Descoberta e desenvolvimento de medicamentos**: Especulações sobre a IA para acelerar os processos de descoberta de medicamentos, prever interações medicamentosas e conceber novas terapêuticas através da simulação de estruturas moleculares e processos biológicos, reduzindo potencialmente o tempo e os custos associados à introdução de novos medicamentos no mercado.

3. IA no ensino e na aprendizagem

- **Aprendizagem personalizada**: As previsões sugerem que as plataformas de aprendizagem adaptativa alimentadas por IA irão revolucionar a educação, personalizando o currículo, o ritmo e as metodologias de ensino de acordo com as necessidades individuais dos alunos, melhorando os resultados da aprendizagem e promovendo a aprendizagem ao longo da vida.

- **Realidade virtual e IA**: Especulações sobre aplicações de realidade virtual (RV) e de realidade aumentada (RA) melhoradas por IA que transformam as experiências de aprendizagem imersivas, permitem simulações interactivas e criam salas de aula virtuais que se adaptam ao empenho e ao progresso dos alunos.

4. Implicações éticas e sociais

- **Desenvolvimento ético da IA**: As previsões enfatizam a importância do desenvolvimento ético da IA, incluindo princípios de justiça, transparência, responsabilidade e mitigação de preconceitos, para garantir que as tecnologias de IA beneficiem a sociedade, minimizando os riscos e as consequências não intencionais.

- **Impacto social**: Discussões especulativas sobre o impacto social da IA, incluindo debates sobre a deslocação de postos de trabalho, a desigualdade de rendimentos, as preocupações com a privacidade e as implicações éticas da tomada de decisões autónomas por sistemas de IA em domínios críticos como a justiça penal e as políticas públicas.

5. Colaboração global e governação

À medida que a inteligência artificial (IA) continua a evoluir e a permear vários aspectos da sociedade, a necessidade de colaboração global e de quadros de governação eficazes torna-se cada vez mais imperativa. Estes quadros têm como objetivo abordar considerações éticas, atenuar os riscos, promover a inovação e garantir que as tecnologias de IA beneficiam a humanidade, minimizando os potenciais danos.

1. Importância da colaboração global

- **Desenvolvimento e implementação éticos**: A colaboração global facilita o desenvolvimento de diretrizes e princípios éticos que regem a conceção, o desenvolvimento e a implantação responsáveis das tecnologias de IA. Promove o consenso sobre normas éticas como a justiça, a transparência, a responsabilidade e o respeito pelos direitos humanos em diferentes contextos culturais e regulamentares.

- **Partilha de conhecimentos e investigação**: Os esforços de colaboração entre investigadores, universidades e partes interessadas da indústria permitem a partilha de conhecimentos, melhores práticas e resultados de investigação que aceleram os avanços da IA, promovendo simultaneamente uma compreensão colectiva das capacidades e limitações da IA.

2. Principais componentes da governação global

- **Harmonização regulamentar**: A harmonização das estruturas regulatórias entre países e regiões ajuda a estabelecer padrões consistentes para o desenvolvimento, a implantação e o uso da IA. Ela promove a interoperabilidade, facilita o comércio internacional e reduz os encargos de conformidade para empresas que operam em mercados globais.

- **Normas internacionais**: O desenvolvimento de normas internacionais para as tecnologias de IA, a interoperabilidade dos dados, a cibersegurança e as orientações éticas garante que os sistemas de IA cumprem os requisitos mínimos de qualidade e segurança, promovendo simultaneamente a confiança e a fiabilidade entre os utilizadores e as partes interessadas em todo o mundo.

- **Governação de dados transfronteiriços**: A resolução dos desafios relacionados com a privacidade dos dados, a soberania dos dados e os fluxos de dados transfronteiriços é essencial para facilitar a colaboração internacional na investigação, inovação e comercialização da IA, protegendo simultaneamente a privacidade dos utilizadores e a segurança dos dados.

3. Desafios e considerações

- **Diferenças culturais e jurídicas**: A negociação das diferenças culturais e jurídicas entre os países no que respeita à governação da IA, às leis da privacidade, aos direitos de propriedade intelectual e aos quadros de responsabilidade exige esforços diplomáticos e compromissos para se chegar a um consenso sobre as normas e regulamentos globais da IA.

- **Neutralidade tecnológica**: Assegurar a neutralidade tecnológica na regulamentação e nas políticas de IA para promover a inovação e, ao mesmo tempo, dar resposta às preocupações da sociedade em relação ao preconceito, à discriminação e às implicações éticas da tomada de decisões com base na IA em domínios críticos como os cuidados de saúde, as finanças e a justiça penal.

4. Iniciativas de colaboração e parcerias

- **Organizações internacionais**: A colaboração entre organizações internacionais, como a Organização das Nações Unidas (ONU), o Fórum Económico Mundial (WEF) e a Organização para a Cooperação e Desenvolvimento Económico (OCDE), facilita os diálogos multilaterais, o desenvolvimento de políticas e as iniciativas de reforço de capacidades sobre a governação e a ética da IA.

- **Parcerias Público-Privadas**: O envolvimento de agências do sector público, empresas privadas, instituições académicas e organizações da sociedade civil em parcerias de colaboração promove abordagens interdisciplinares à governação da IA, fomenta ecossistemas de inovação e apoia a implementação responsável da IA através da partilha de recursos e conhecimentos.

5. Direcções futuras

- **Capacitação**: Investir na educação em IA, em programas de formação e em iniciativas de desenvolvimento de competências para desenvolver a capacidade global de literacia em IA, proficiência técnica e consciência ética entre os decisores políticos, reguladores e profissionais da indústria para navegar eficazmente nas complexidades da governação da IA.

- **Liderança ética em IA**: Promover a liderança ética da IA e as práticas de inovação responsável entre os criadores de IA, as empresas de tecnologia e as agências governamentais para dar prioridade aos valores centrados no ser humano, aos benefícios sociais e aos objectivos de desenvolvimento sustentável na investigação, desenvolvimento e implantação da IA.

A colaboração e a governação globais são essenciais para aproveitar o potencial transformador da inteligência artificial e, ao mesmo tempo, enfrentar os desafios éticos, legais e sociais. Ao fomentar a cooperação internacional, estabelecer quadros regulamentares harmonizados e promover normas éticas de IA, as partes interessadas podem garantir que as tecnologias de IA contribuem para um futuro global mais inclusivo, equitativo e sustentável.

As previsões e especulações em torno da inteligência artificial realçam o seu potencial transformador para revolucionar as indústrias, melhorar as capacidades humanas e enfrentar os desafios globais. Ao fomentar a colaboração interdisciplinar, promover o desenvolvimento ético da IA e estabelecer quadros de governação sólidos, as partes interessadas podem aproveitar todo o potencial da IA para criar um futuro mais inclusivo, equitativo e sustentável para todos.

Na exploração da IA neste livro, atravessámos uma paisagem rica em promessas, desafios e considerações éticas. A inteligência artificial surgiu não apenas como uma inovação tecnológica, mas como uma força transformadora que está a remodelar as indústrias, as sociedades e as interações humanas. Desde as suas raízes históricas até às suas aplicações actuais e potencialidades futuras, a IA cativou a nossa imaginação com a sua capacidade de aumentar as capacidades humanas, automatizar tarefas complexas e revelar conhecimentos sem precedentes a partir dos dados.

O percurso através da evolução da IA destacou marcos significativos, desde as teorias fundamentais em meados do século XX até aos avanços na aprendizagem automática, na aprendizagem profunda e nas redes neuronais que alimentam os sistemas inteligentes actuais. Estes avanços impulsionaram a IA para diversos domínios, incluindo os cuidados de saúde, as finanças, a educação e outros, onde melhora a tomada de decisões, personaliza as experiências e aumenta a eficiência.

No entanto, no meio das possibilidades ilimitadas da IA, existem desafios e controvérsias cruciais. Questões como a parcialidade dos algoritmos, as preocupações com a privacidade, a deslocação de postos de trabalho e os dilemas éticos sublinham a necessidade de um desenvolvimento e de uma governação responsáveis da IA. A resposta a estes desafios exige esforços de colaboração por parte dos decisores políticos, dos líderes da indústria, dos investigadores e da sociedade em geral para garantir que as tecnologias de IA são utilizadas de forma ética, transparente e equitativa.

Olhando para o futuro, o futuro da IA promete inovação e transformação contínuas. As tendências emergentes, como a robótica alimentada por IA, a medicina personalizada e a inteligência aumentada, anunciam uma nova era em que os seres humanos e as máquinas colaboram em sinergia. Esta abordagem colaborativa, em que a IA complementa a criatividade, a intuição e a empatia humanas, tem o potencial de resolver problemas globais complexos, melhorar a educação, melhorar os resultados dos cuidados de saúde e impulsionar o crescimento económico sustentável.

Ao navegarmos nesta Odisseia da IA, é imperativo dar prioridade às considerações éticas e aos valores centrados no ser humano. A IA deve ser desenvolvida tendo em mente a equidade, a responsabilidade e a inclusão, garantindo que serve o bem coletivo, respeitando simultaneamente os direitos individuais e os valores sociais. O estabelecimento de quadros regulamentares sólidos, a promoção da literacia em IA e a promoção da cooperação internacional serão cruciais para aproveitar todo o potencial da IA, mitigando simultaneamente os riscos e salvaguardando contra consequências indesejadas.

Em última análise, o futuro da IA não está predeterminado, mas sim moldado pelas escolhas que fizermos hoje. Ao promovermos uma cultura de inovação responsável, ao abraçarmos a colaboração interdisciplinar e ao capacitarmos os indivíduos com as competências necessárias para prosperar num mundo orientado para a IA, podemos orientar esta tecnologia transformadora para a criação de um futuro mais equitativo, inclusivo e sustentável para a humanidade.

Para concluir, a Odisseia da IA convida-nos a abraçar as possibilidades, a navegar nas complexidades e a traçar um rumo que aproveite o poder da inteligência artificial para fazer avançar o progresso humano e melhorar o bem-estar das sociedades em todo o mundo.

Referências

Bostrom, N. (2014). *Superinteligência: Paths, Dangers, Strategies [Caminhos, perigos e estratégias]*. Oxford University Press.

Bostrom, N., & Yudkowsky, E. (2012). A moralidade da inteligência artificial. *Minds and Machines,* 22(4), 303-328.

Bubeck, S., Chandrasekaran, V., Eldan, R., Gehrke, J., Horvitz, E., Kamar, E., Lee, P., Lee, Y. T., Li, Y., Lundberg, S., Nori, H., Palangi, H., Ribeiro, M. T., & Zhang, Y. (2023). Centelhas de Inteligência Geral Artificial: Early experiments with GPT-4. *arXivpreprint arXiv:2303.12712.*

Hassabis, D. (2023). O caminho para a inteligência geral artificial. *Nature Machine Intelligence,* 5(9), 734-740.

Cara de abraço. (n.d.). Hugging Face: Aprendizagem automática de código aberto para PNL, visão computacional e muito mais. Obtido em https://huggingface.co/

Mila. (n.d.). Mila - IA para o bem. Recuperado de https://mila.quebec/en/

OpenAI. (2023). Carta da OpenAI: Uma utilização responsável da IA. Obtido em https://openai.com/charter

Ramesh, A., Pavlov, M., Song, Z., Lezama, A., Fedus, O., & Hoffmann, M. (2022). DALL-E 2: Visualizando um caminho para a geração de imagens a partir de descrições textuais. *arXiv preprint arXiv:2205.11487.*

Nações Unidas. (n.d.). Parceria Global sobre Inteligência Artificial. Obtido em https://gpai.ai/

Brynjolfsson, E., & McAfee, A. (2014). *The Second Machine Age: Work, Progress, and Prosperity in a Time of Brilliant Technologies [A Segunda Era das Máquinas: Trabalho, Progresso e Prosperidade numa Era de Tecnologias Brilhantes]*. W.W. Norton & Company.

Schwab, K. (2017). *A Quarta Revolução Industrial.* Crown Publishing Group.

Bostrom, N. (2014). *Superinteligência: Paths, Dangers, Strategies [Caminhos, perigos e estratégias]*. Oxford University Press.

Ford, M. (2018). *Arquitectos da Inteligência: A verdade sobre a IA das pessoas que a constroem.* Packt Publishing.

Russell, S. (2019). *Compatível com humanos: Inteligência Artificial e o Problema do Controlo.* Viking.

União Europeia (2021). Proposta de regulamento que estabelece regras harmonizadas em matéria de inteligência artificial (Lei da Inteligência Artificial) e que altera determinados actos legislativos da União.

Friedman, B., & Nissenbaum, H. (1996). Bias in computer systems. *ACM Transactions on Information Systems,* 14(3), 330-347.

Eubanks, V. (2018). *Automating Inequality: How High-Tech Tools Profile, Police, and Punish the Poor [Automatizando a Desigualdade: Como as Ferramentas de Alta Tecnologia Traçam o Perfil, Policializam e Punem os Pobres].* St. Martin's Press.

O'Neil, C. (2016). *Weapons of Math Destruction (Armas de destruição matemática): How Big Data Increases Inequality and Threatens Democracy [Como os grandes dados aumentam a desigualdade e ameaçam a democracia].* Crown Publishing Group.

IEEE (2019). Design Eticamente Alinhado: Uma visão para dar prioridade ao bem-estar humano com sistemas autónomos e inteligentes. Associação de Normas do IEEE.

Vladeck, D. C. (2014). Máquinas sem princípios: Regras de responsabilidade e inteligência artificial. *Washington Law Review*, 89, 117.

Price II, W. N. (2015). Regulamentação da medicina de caixa preta. *Michigan Law Review,* 116, 421-474.

Ferguson, A. G. (2017). *A ascensão do policiamento de Big Data: Surveillance, Race, and the Future of Law Enforcement [Vigilância, raça e o futuro da aplicação da lei].* NYU Press.

União Europeia (2021). Proposta de regulamento que estabelece regras harmonizadas em matéria de inteligência artificial (Lei da Inteligência Artificial) e que altera determinados actos legislativos da União.

yes
I want morebooks!

Buy your books fast and straightforward online - at one of world's fastest growing online book stores! Environmentally sound due to Print-on-Demand technologies.

Buy your books online at
www.morebooks.shop

Compre os seus livros mais rápido e diretamente na internet, em uma das livrarias on-line com o maior crescimento no mundo! Produção que protege o meio ambiente através das tecnologias de impressão sob demanda.

Compre os seus livros on-line em
www.morebooks.shop

Printed by Books on Demand GmbH, Norderstedt / Germany